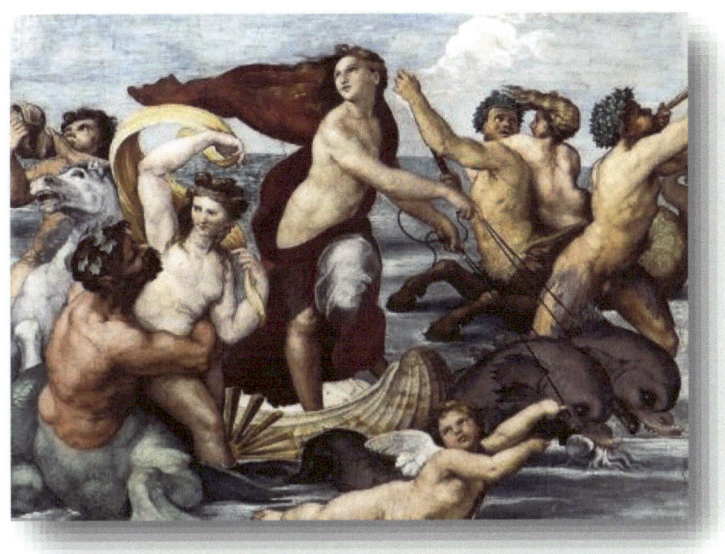

Raffaello, Trionfo di Galatea, 1512, affresco, 295 x 225 cm, Villa Farnesina, Roma.

Ecco Galatea in fuga dall'amore del Ciclope invidioso di Aci, il giovane bellissimo amato dalla Nereide e ucciso da un macigno scagliato da Polifemo. Al pianto disperato della Nereide, Giove e gli dei impietositi trasformarono il sangue di Aci in un fiume che, nascendo dall'Etna, sfociava nel tratto di spiaggia in cui i due amanti si incontravano. Il mito giunge ai pennelli di Raffaello che fondendo religione e filosofia celebra la vittoria dell'amore; e sulla base dei trattati di Vitruvio sceglie e ricrea persino il Blu Egizio per dar vita agli occhi della ninfa dalla pelle di latte. L'intero mare è in festa: gioiose Nereidi sollevate da tritoni avvolgono in un abbraccio la trionfante Galatea, che imponente s'innalza dalla superficie delle acque. Tutto intorno sembra riprodurre una danza, vorticosa, leggera e fluttuante. Il movimento sinuoso e suggestivo del manto rosso pompeiano è gonfiato dal vento dell'eternità. Il soave ondeggiamento dei capelli biondi è ripreso dal gesto della vicina Nereide, che solleva un braccio mentre cerca di divincolarsi da un tritone. Il giovane Palemone tiene le redini della conchiglia trainata dai delfini mentre tre amorini, pronti a scagliare dardi d'amore, sorvegliano Galatea dal cielo. Ma la ninfa non ha occhi che per il quarto putto. È nascosto dietro una nuvola e sorregge un fascio di frecce, a simboleggiare la castità dell'amore platonico. Le acque del fiume riversate nel mare raccontano la storia di Aci e Galatea: per sempre è il luogo in cui il tempo è innamorato.

L'uno nell'altro, uniti per l'eternità.

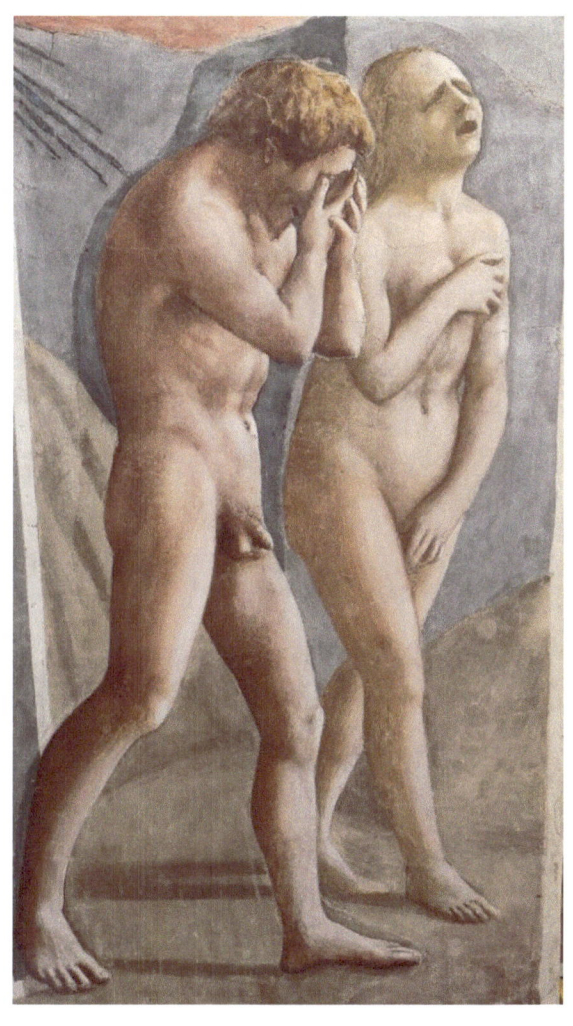

Masaccio, Affreschi della Cappella Brancacci, 1424 - 1428, Firenze.

"Ecco l'uomo è diventato come uno di noi, per la conoscenza del bene e del male".

Ora i due progenitori sono nudi e indifesi, varcano una soglia in muratura, ed il paesaggio intorno a loro,

spoglio e privo di vita, si fa metafora del peccato originale. Adamo, sopraffatto dalla vergogna, smette di

coprirsi le nudità per nascondere gli occhi tra le mani. Eva, sapendo di aver perso la purezza originaria, è

spezzata dal dolore in un grido muto. Noi al cospetto di tanto rumore, restiamo in silenzio. I loro corpi

hanno una concretezza senza precedenti, i loro gesti e i loro volti sono pieni del dramma del genere

umano.

Masaccio riflette qui l'amara coscienza dell'imperfezione dell'uomo, in tutta la sua fragilità.

Nella Cappella Brancacci le parole abdicano al silenzio: è tempo di riflessione. Siamo umani e altrettanto

scomposti nella disperazione.

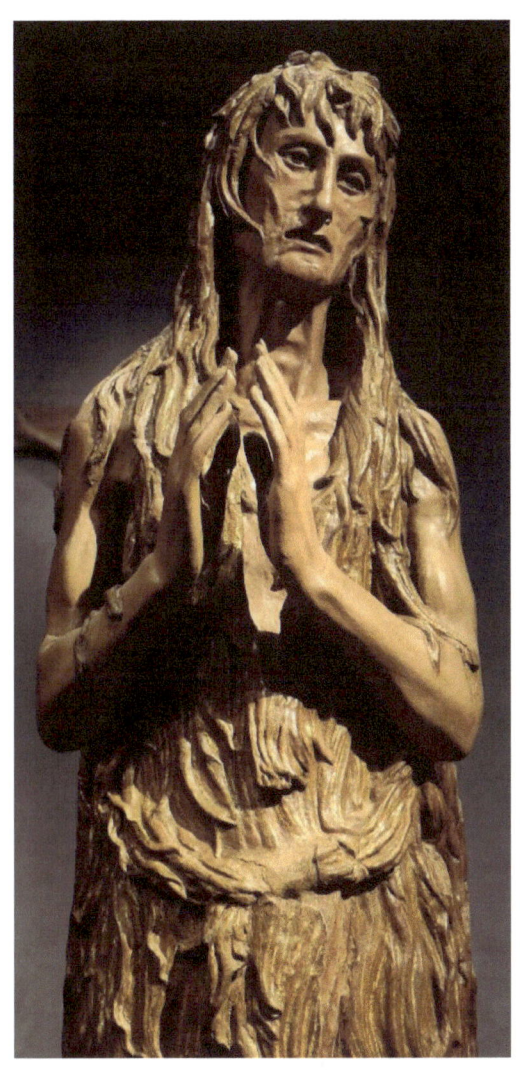

Donatello, Maddalena Penitente, 1453-1455, legno, 188 cm, Museo dell'Opera del Duomo, Firenze.

Il volto emaciato dalla penitenza, cela i segni di una venustà ormai perduta. Le scorre negli occhi la vita intera, minuto dopo minuto, peccato per peccato, come un'istante prima della morte.

Ma prima della Vita.

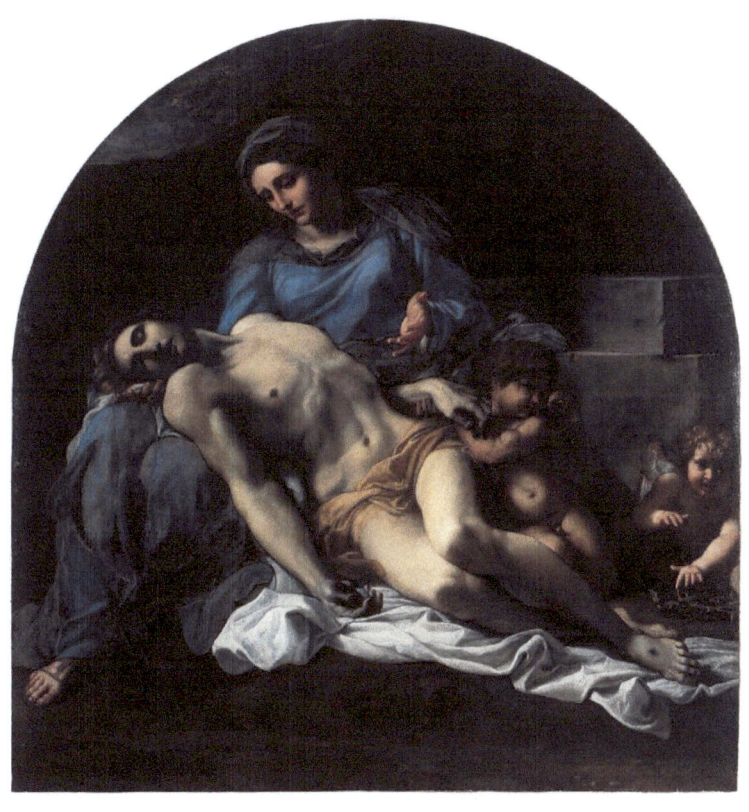

Annibale Carracci, Pietà, post 1599 - ante 1560, olio su tela, 158 x 151 cm, Museo di Capodimonte, Napoli.

Nunc dimittis: la profezia di Simeone è ormai compiuta, Nostra Donna offre al Figlio l'ultimo amore del mondo mortale, per il quale si è sacrificato. Emergono insieme dal notturno sfondo, e hanno l'aria d'un sol corpo, tant'è l'intimità e l'affetto. Ella pone in mostra, adagiato sulle gambe sue, il torso di Cristo, il resto del corpo è elegantemente adagiato a terra, esanime. Nessuna traccia di violenza, immacolato è il corpo, esangue il volto e dense di restituito livore le carni di Colui che accetta la puntualità del proprio destino.

La Vergine dolcemente sorregge con la mano destra il capo del figlio, mentre la sinistra è aperta verso il riguardante, segno di piena accettazione. Sono però le cerulee mani del Salvatore, abbandonate dal sangue, a rapir d'istante l'occhio e il cuore, sì tanto contrastano col candido sudario, il cui panneggio pare timidamente accoglierle e carezzarle. Due angeli dolenti guidano lo sguardo a contemplare l'uno la mano sinistra di Cristo, l'altro la corona di spine, di cui si duole e punge in spirito.

Tanto intriso della Passione è il volto senza fiato di Nostra Donna, spezzata dal dolore dell'umiliato figlio, ché ne suoi occhi ripercorriamo la Via Crucis. Come Cristo sulla croce Spira senza un grido, sì l'eco di questo grande Silenzio riecheggia nell'aere e move l'anima a compassione.

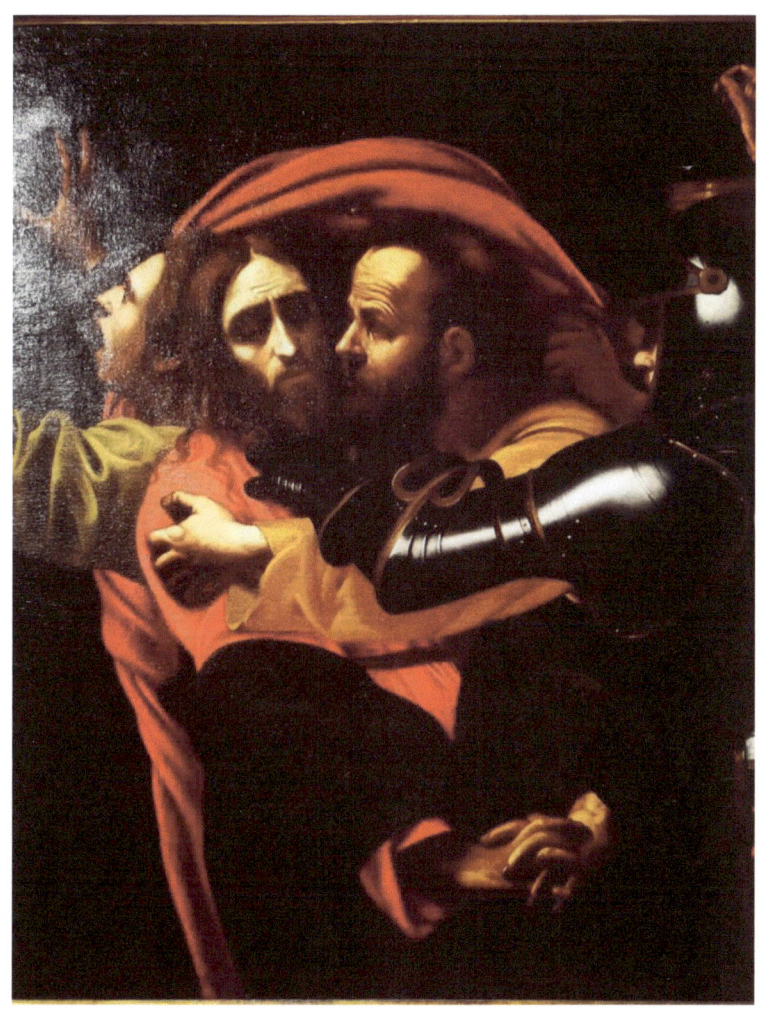

Caravaggio, Cattura di Cristo, 1602, olio su tela, 2,45 x 1,65 m, Collezione privata.

San Giovanni alle spalle del Figlio, così vicino e intimo da non poter distinguerne le capigliature, con le braccia aperte al cielo, stravolto nel volto e nell'urlo, presagisce le sofferenze a principio della Passione.

Grande è il supplizio, ché l'atmosfera di tensione passa tra le dita del santo e lentamente si spande nell'aria, assorbendo il tutto.

Giuda, concitato, con la sinistra mano sulla spalla destra del figlio di Dio pare voler scuotere il Salvatore, umile e sommesso, già racchiuso nel suo destino in un gesto di umano abbandono, in silenzio. Sgrana gli occhi il traditore e la fronte s'increspa: lo supplica di guardarlo solo un'ultima volta. Cerca l'attenzione di Colui che ha appena tradito, implorando l'ultimo perdono. Chi mai può osare tanto?

Un drappo sangue della veste del Santo intimamente racchiude il perdono mancato solo allo sguardo.

La violenta mano di ferro del soldato al collo dell'inerte Messia si svela pian piano all'ombra del suo viso sul petto, sovrastando quella di Giuda, a ricordare che il tempo del perdono è ormai scaduto. Il soldato pare uscire dall'opera a strappare via il Salvatore dalle braccia dell'Iscariota, lasciando indietro Il Santo e tutti gli altri.

Nemmeno uno di loro fissa il riguardante, ma ci si sente talmente investiti dal pathos dell'inganno da possedere e osservare l'uno attraverso gli occhi dell'altro.

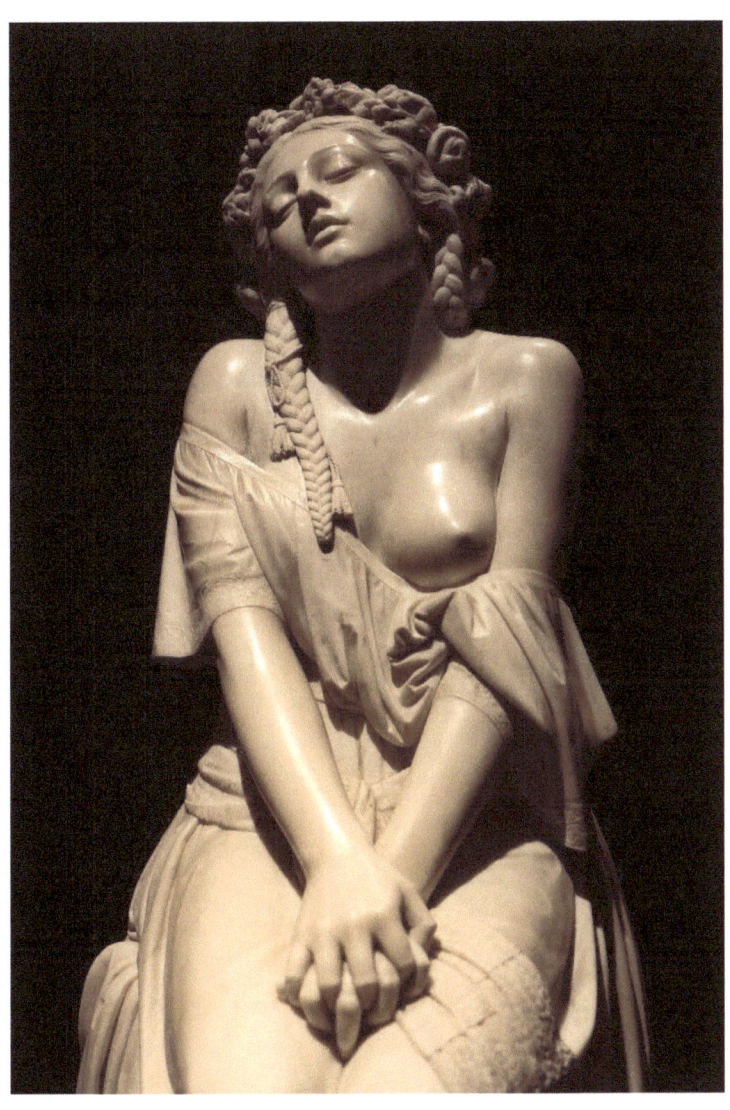

Gaetano Motelli, La sposa dei Sacri Cantici, 1854, marmo, 140 x 55 x 75 cm, Collezione Litta.

"Oh spargetemi di fiori perché languisco d'amore"

Sì inebrianti essenze floreali si porgono ai nostri sensi come boccioli appena colti. Leggeri si posano sulla bruna chioma della Sposa e tutt'intorno richiamano Primavera, come i frutti di melograno sparsi ai suoi piedi. In questa donna è così forte il senso dell'Amore tanto sono veri e naturali non solo i tratti del volto - che splendidamente esprimono il turbamento dell'anima che non sa resistere a tanta piena d'affetto – ma anche il resto del corpo. Abbondante ma leggero e ben ideato il panneggio rende delicatamente attraente la veste, decorata con ricami che più che di marmo paiono realizzati da ago e filo. Tanto significa quel raccogliersi in sé di tutta la persona, quelle braccia distese e le mani che forti si sovrappongono l'una all'altra intrecciando ardentemente le dita sulle cosce, aderenti e sorelle. La sapiente contrazione delle spalle lascia cadere la veste scoprendo le spalle e un seno, e il capo inclinato appena all'indietro come in chi si sente venir meno le forze, connotano l'opera di un'accesa sensualità. La bocca e gli occhi socchiusi riecheggiano in noi le medesime sensazioni rappresentate: gioia degli occhi e dell'intelletto. "Distogli da me i tuoi occhi, che mi turbano".

Motelli disegna su marmo il testamento delle emozioni.

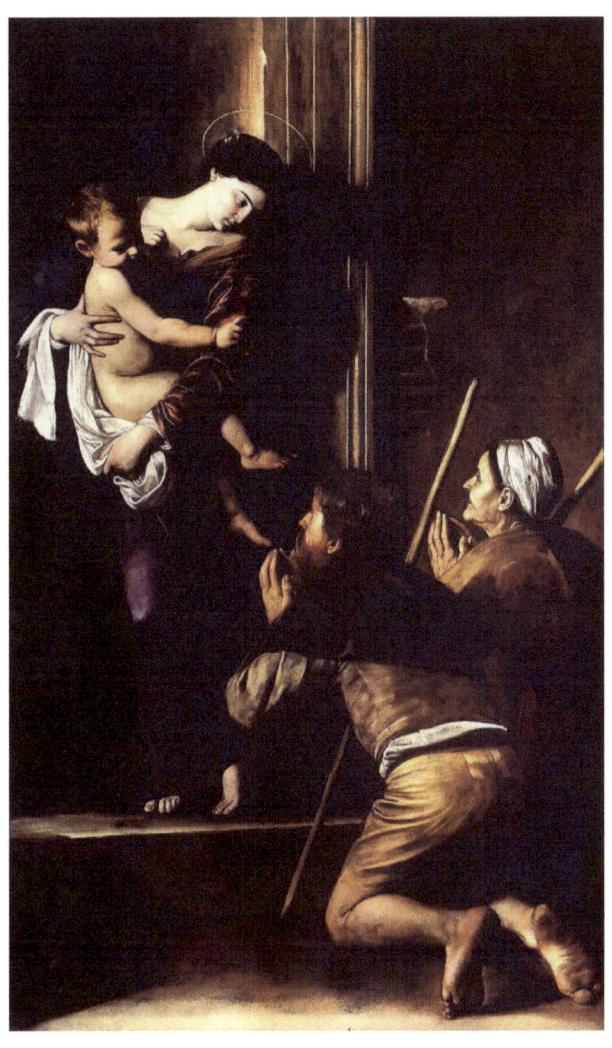

Caravaggio, Madonna dei Pellegrini, 1604 – 1606, olio su tela, 260 x 150 cm. Roma, Chiesa di Sant'Agostino in Campo Marzio, Cappella Cavalletti.

«Ma chi sei tu che ti fai giudice del tuo prossimo?»
(Gc.4,12)

Due pellegrini vecchi e stanchi sono giunti alla porta di Maria e riconoscendola, sono caduti in ginocchio in atto di preghiera chiedendo intercessione. I loro volti portano i segni di una vita difficile, i piedi sono gonfi e sporchi dal tanto camminare, le loro vesti lise, i capelli disordinati e le unghie sono lorde; persino la cuffia della donna è stropicciata e consunta. Maria è una donna comune, scalza, con tipiche vesti popolane, che tiene in braccio quasi a fatica il suo bambino ormai grandicello. Si trova sull'uscio di una qualsiasi casa del centro di Roma della quale si intravede solo lo stipite di un marmo un po' scalcinato, con evidenti segni di usura. Nessun segno di trionfo né di ricchezza: grande è il senso di quotidiano e feriale che fa sembrare la Madonna una donna qualsiasi – persino l'aureola è quasi impercettibile - che all'improvviso sia stata chiamata e si affaccia sulla porta. Il volto della Vergine, quasi impassibile, è rivolto verso il basso ai pellegrini, così come quello del Bambino che in modo naturale si aggrappa alla manica del suo abito, che ha la pesantezza e la morbidezza del velluto. Dall'alto a sinistra proviene una luce calda e dorata che illumina il volto di Maria e Gesù quasi disegnando l'inizio della diagonale "ideale" che arriva alla figura del pellegrino passando per i piedi del Bambino e le mani dell'uomo. Le tonalità cromatiche terrose e opache dei pellegrini contrastano e mettono in risalto il candido panneggio in cui è avvolto Gesù. Caravaggio ancora una volta infrange le regole e spoglia la tela dalla classica iconografia sacra.

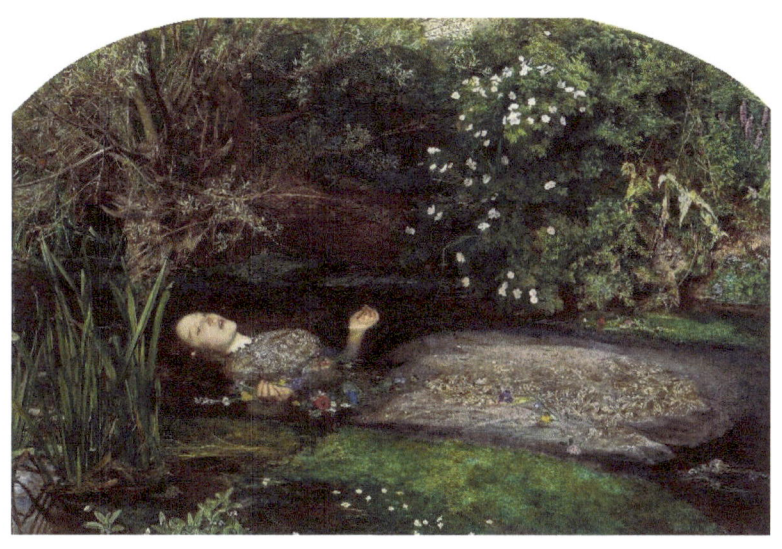

John Everett Millais,1851-1852, olio su tela, 76,2 x 111,8 cm, Tate Gallery, Londra.

Soavi, come braccia di una madre, i rami del salice adagiano delicatamente il corpo di Ophelia sullo specchio d'acqua, poi, mossi dal vento leggero accarezzano delicati il suo viso sereno.

Dolcemente le acque assecondano e accolgono il suo corpo, non appena posa le sue membra, come una goccia d'acqua, cambia la sua forma.

Ora è Luce, e la sua purezza d'animo illumina tutt'intorno.

Romantiche violette, come un girotondo, cingono il suo collo, infinite sfumature di fiori colorano e accompagnano il suo rito, il passaggio alla sua scelta vita, la Libertà, d'Amare, di Essere, d'un Amore puro e vero, a pochi concesso.

Madre Terra riconosce e accoglie ciò che l'innamorato si è lasciato sfuggire, restituendo alla bella Ophelia la sua vera natura.

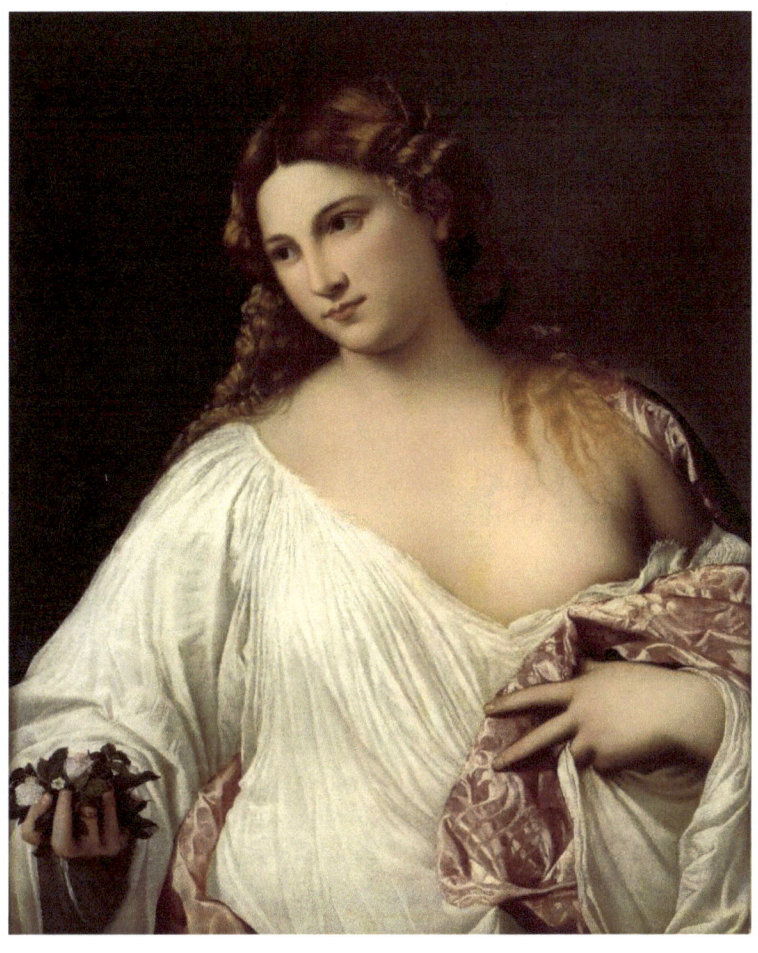

Tiziano, Flora, 1515, olio su tela, 79 x 63 cm, Galleria degli Uffizi, Firenze.

Il dipinto si inserisce nel filone di ricerca sull'immagine della bellezza femminile aperto a inizio secolo dalla "Laura" di Giorgione datata 1506 del Kunsthistorisches Museum di

Vienna. Al pari delle altre figurazioni di donne dotate di particolare avvenenza e voluttuosità che costituiscono il sottogenere della pittura nato in laguna e denominato le " Belle ", l'immagine non allude in maniera univoca a Flora, bensì alla sapienza muliebre capace di unire ed equilibrare pudicitia e voluptas .L'espressione della Donna evoca un momento di grande naturalezza che incarna a perfezione la maraviglia femminile, in cui l'effetto chiaroscurale del volto è ottenuto tramite una giustapposizione dei piani cromatici. L'incarnato appare morbido, luminoso, estremamente reale, quasi tangibile, anche mediante l'espediente del drappo damascato che profuma d'essenza di rose, tenuto nella mano sinistra: riecheggia mirabilmente il roseo pallor delle carni. I volumi sono resi affidandosi alle sole, ineccepibili sfumature di colore, morbidamente, senza uso del disegno, indefinito e nascosto tra le ombre, alla maniera del Tonalismo veneto. Notevole abilità d'impreziosire la sobria veste bianca attraverso una miriade di pieghe magistralmente eseguite che esaltano e conferiscono continuità alle rotondità anatomiche sia sul petto che sul fianco opulento. Anche le ombre del candido drappeggio, finemente plissettato, connotano la dea di un profondo realismo. La luce sulla spalla si congiunge al crescendo dell'ombreggiatura e conduce per mano lo sguardo fino al gruppo floreale - "Fioccan fior e son sì ben finti, che si senton gli odori ancor dipinti" - capovolgendo la traditio della rappresentazione, ovvero lasciandoci guidare verso il fulcrum del quadro non dalla luce bensì dall'ombra. La positura sapientemente aggraziata ed elegante evoca una sensualità talmente raffinata e ricercata da rapire e confondere lo sguardo del riguardante.

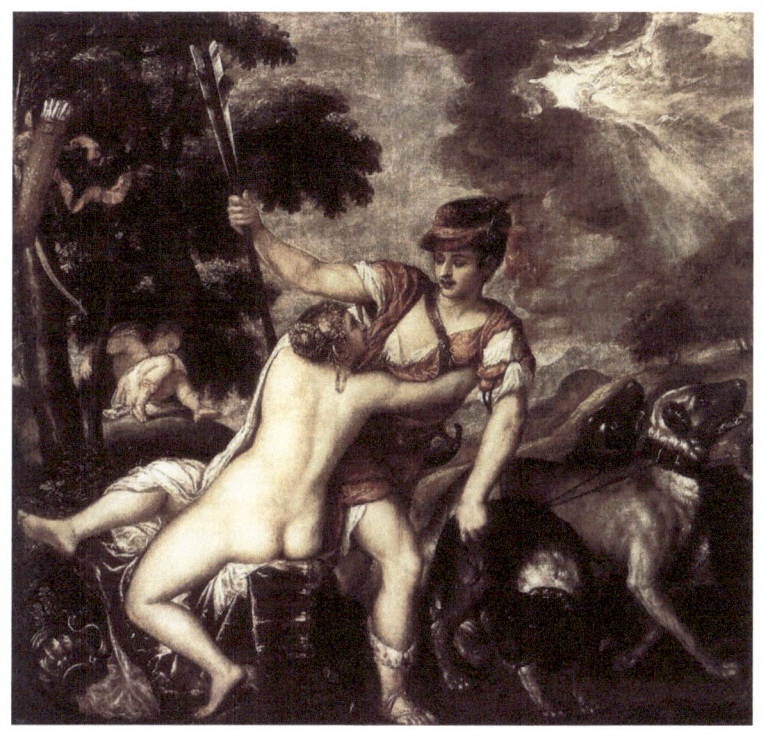

Tiziano, Venere e Adone, olio su tela, 187 x 184 cm, Galleria Nazionale d'arte Antica, Roma.

"All'ombra degli alberi, in secondo piano, un timido Cupido assopito e soddisfatto di aver ardentemente scagliato il suo dardo contro la Dea dell'Amore. Al centro Adone, conteso tra Venere, e i suoi fedeli cani da caccia. La Dea, disperatamente innamorata, con il fiato sospeso, lo stringe nel più puro gesto d'Amore, tentando di salvarlo dai nefasti avvenimenti. Lo supplica, invano, di restare con lei e di non andare. Dall'altra parte, i cani, spezzano il pathos, ricordando al giovane la puntualità del destino. Adone distaccato, si scioglie dalle braccia della dea per correre incontro alla morte. La gestualità evidente dei personaggi denota un accentuato senso del dinamismo a sua volta amplificato dalla notevole importanza conferita al colore, per stesura cromatica e intensità dei toni scelti. Gli aurei capelli sapientemente raccolti della Venere, lasciano la schiena totalmente nuda e trapela una sensualità intensamente terrena, tutt'altro che sacra, delicata e persistente ma allo stesso tempo impalpabile, come fosse una fragranza che diffusa nell'aria inebria i sensi. Evidenti le tensioni anatomiche rese attraverso percorribili chiaroscuri che dalla schiena della dea accentuando il movimento della torsione continuano sul braccio destro, rendendo verosimilmente tangibile nella pressione sul petto di Adone il presagio di morte che prepotente incombe. Grandi capacità drammatiche chiaramente leggibili nel vuoto di disperazione e silenzio tra lo sguardo di Venere, spaventata e perdutamente innamorata, e quello di Adone, che sprezzante la osserva dall'alto verso il basso.

Una struggente istantanea sull'ineluttabile vanità dell'amore."

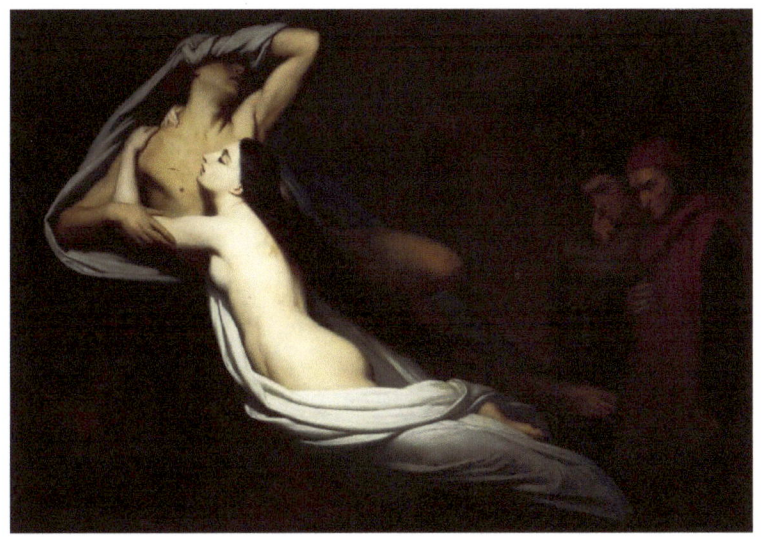

Ary Scheffer, Francesca da Rimini e Paolo Malatesta appaiono a Dante e Virgilio, 1835, olio su tela, Wallace Collection, Londra.

Sguardi assorti, incatenati in un abbraccio, come i corpi. Paolo e Francesca sono colti nell'intensità dell'Eros, mista a tragedia ed impalpabile dolcezza. Chiaramente leggibile la mano di Paolo, disperato, che struggente stringe il lenzuolo, sembra voler nascondere il dolore in viso. Le sue labbra sono appena socchiuse: il pensiero di un sì grande strazio ha spezzato per sempre il fiato. Completamente aggrappata alla sua unica ragione di vita, Francesca lo cinge dolcemente al collo con entrambe le braccia. Altrettanto soavemente Paolo le accarezza il braccio destro, suggellando il patto d'amore eterno. Francesca sembra abbandonarsi a lui nonostante il dolore, serena, come una bambina che soggiace sul petto del padre. Ma i bruni capelli che fluttuano sospinti dal burrascoso vento ricordano e riportano alla drammaticità della condizione dei due amanti, travolti in vita dall'impeto della loro passione. Il candore dei corpi avvolti in un abbraccio, il bianco del lenzuolo che circonda i due amanti e la luce che li colpisce e ne intensifica i lineamenti si contrappongono all'oscurità tutt'intorno. Tutto sembra voler elevare l'Amore vero, autentico, per cui si farebbero follie contro tutto e contro tutti, la consapevolezza di aver davanti a sè l'unica persona che si ama veramente e non una persona qualunque di cui accontentarsi e con la quale trovare un semplice, quanto inutile palliativo per riempire la nostra misera esistenza. Calzanti le parole di Jacques Prevert "I ragazzi che si amano sono altrove, molto più lontano della notte, molto più in alto del giorno".

È questo l'unico senso che troppo spesso non siamo in grado di cogliere, accecati dalla paura di rischiare per qualcosa di unico e irripetibile

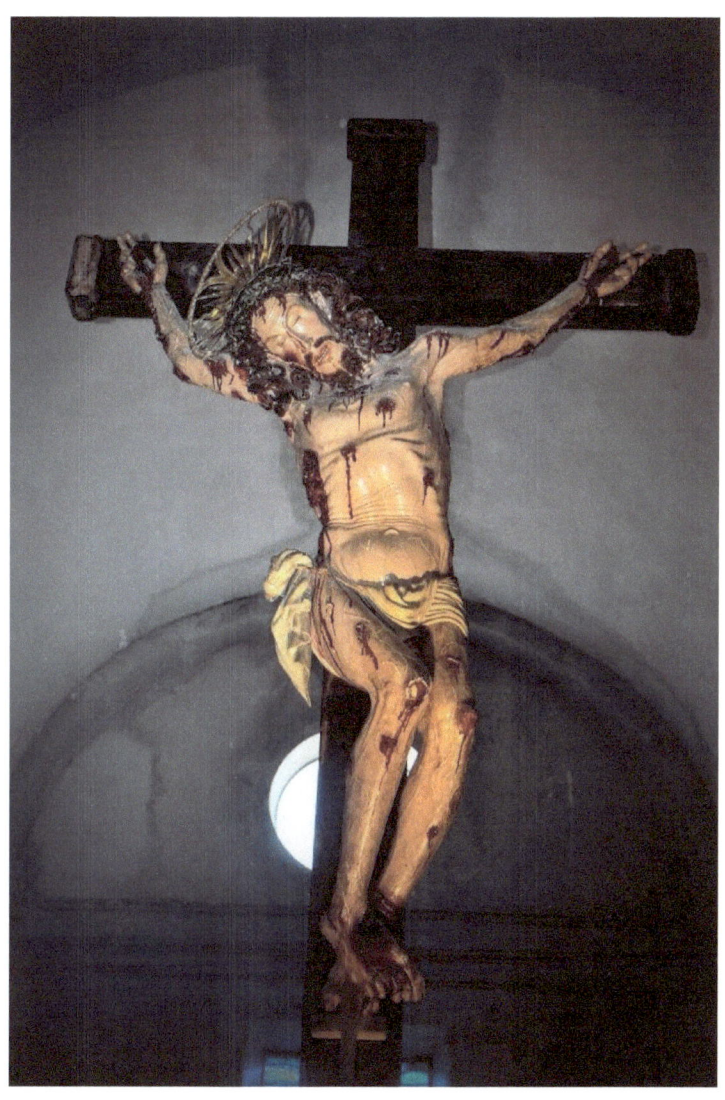

Vincenzo da Bassiano e bottega, Crocifisso in legno policromo, grandezza naturale, Farnese, Chiesa di San Rocco, 1684.

S'Imporpora d'Amore

La Parola si fa carne, comunicando ai fedeli attraverso i segni della Passione. Il volto solcato e trafitto dal dolore, le sopracciglia increspate, la bocca appena socchiusa, la testa reclinata sulla spalla destra, il corpo contorto che mostra prepotente la spalla sinistra nell'acuto spasmo di dolore: tutto appare immobile, immortalato nell'ultima e più aspra rivelazione d'agonia. Soltanto il sangue scende sul naso dalla fronte, ferita da una delle spine della Corona, e drammaticamente scorre su tutto il corpo, ormai straziato dalle ferite. Il diaframma contratto espone pienamente il costato e pone in evidenza la profonda ferita da cui sgorga il sangue, affinché ci sia dato vedere attraverso la piaga visibile quella invisibile. L'amore trasse il Verbo dal cielo in terra, e il Figlio s'imporporò per l'umanità.

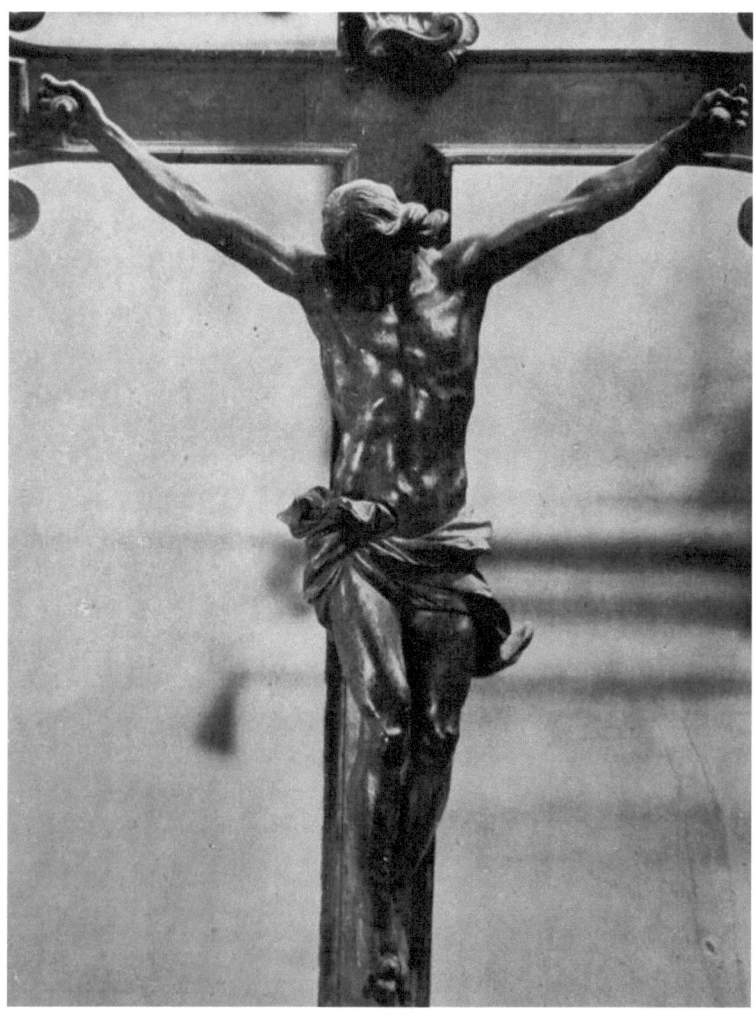

Gian Lorenzo Bernini, Crocifisso con Cristo Morto, bronzo dorato, h cm. 43 (figura), Roma, Basilica di S. Pietro in Vaticano, Altare dei SS. Processo e Martiniano, 1661.

Cristo Morto

La tristezza che aggronda le sopracciglia si posa sul nobile volto come un tenue ricordo di fronte all'impassibilità della morte. Il dramma si è già concluso in un solo passaggio, scandito dalla breve immensità dell'ultimo respiro. Ora tutto si rasserena in un'intimità melanconica: il capo del Signore è sprofondato in basso, le mani sono aperte in abbandono, le braccia sembrano allungate dalla sospensione del corpo e l'addome rinuncia alla vita. Anche le gambe e i piedi si arrendono sulla Croce. La stasi viene spezzata solo dal fulgente perizoma, vitale e vibrante di Luce. Tutta la figura appare illuminata da un'immensa drammaticità: emergono particolari suadenti e le anatomie crudelmente analizzate rivelano la potenza della Fede nella sua interezza

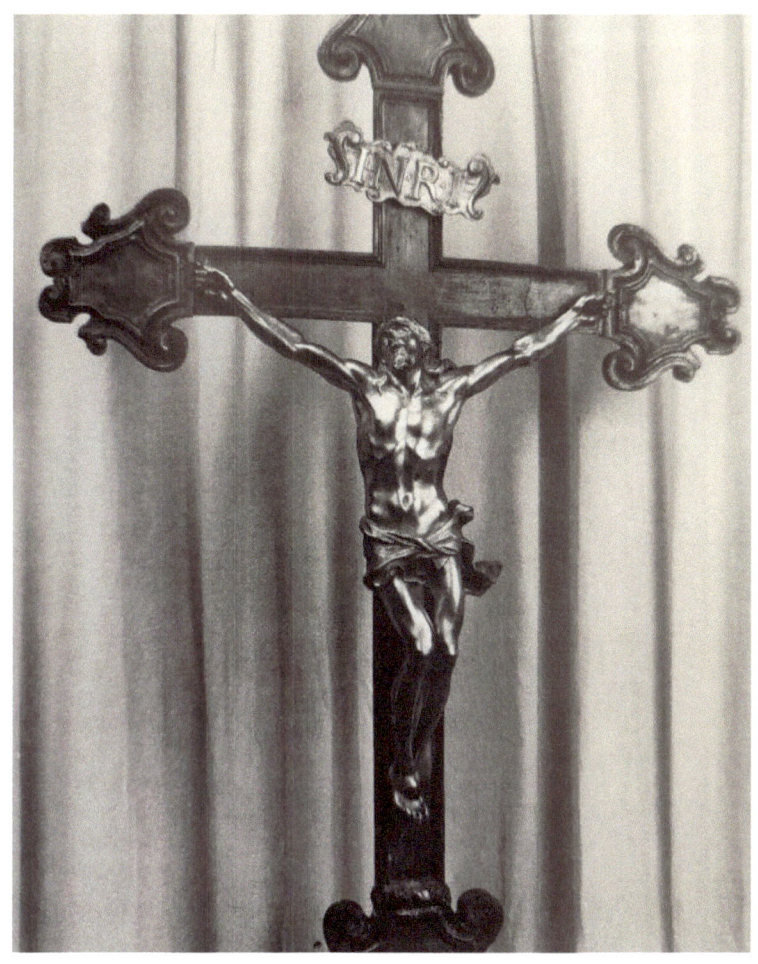

Gian Lorenzo Bernini, Crocifisso con Cristo Spirante, bronzo dorato, h cm. 43, Roma, Basilica di S. Pietro in Vaticano, Altare della Navicella, 1661.

Cristo Spirante

Nessuna Corona di spine per il Figlio di Dio «divenuto perfetto dalle cose che patì». Le sue mani e i suoi piedi sono dolorosamente contratti, aggrappati ai Sacri Chiodi. I muscoli tesi delle braccia come metafora della vita che insiste ancora sul legno della Croce, rifulgono d'ogni divino attributo: misericordia, sapienza, pietà e amore. Le labbra sono socchiuse e il petto si dilata per poter dar fiato alle ultime parole «Nelle tue mani consegno il mio spirito». L'anima è pronta, tesa verso il cielo: il Figlio si specchia già negli occhi del Padre. Nel momento estremo, un afflato vitale muove a compassione l'animo. Tanto forte è il richiamo d'Amore che la carne già si svuota dello Spirito: all'improvviso il perizoma sembra sciogliersi. Tutto è pervaso da una tensione esplosiva nell'ineffabile istante tra la vita e la morte.

Poesie

Amore su tela

Lente e a fatica avanzano le lancette
Il tempo sembra immobile
Nell'attesa della meraviglia
Sordo il battito del cuore
nel silenzio
Confonde lo spazio
Inconfondibile il profumo anticipa il passo
D'improvviso spegne l'universo negli occhi.
Mani dolcemente si sfiorano
Effimeri pesi dell'anima si sciolgono e volano via, lontano
Affinità elettive dipingono Amore su tela.
Scocca la mezzanotte, è un bacio vivo all'interno del polso,
l'incantesimo sta per svanire.
Resta indelebile il dolce ricordo.

Desideri

Espressi desideri fluttuano
sospinti da' sognanti sospiri raggiungono incorporei filamenti
Acchiappasogni invisibili
Sdraiati sul tappeto della Notte
Incastonati sfavillano nel cielo
complici del timido e argenteo spicchio di Luna.
Sorgon le Stelle
Ci costringono ad alzare gli occhi
perderci nell'immensità
e presto riconoscerci nella nostra stella cadente.
Evanescenti istanti d'eternità.

Piove, stanotte

Battenti pensieri, grandine fitta sulle finestre del cuore
Raffiche improvvise di Nostalgia soffiano
e sulla Vela della mente la Notte viaggia lontano.
Segue i sentieri delle anime accese,
Abitano case diverse ma parlano la stessa lingua
Nel gran silenzio riverberano d'eternità.
Incanto Stupore e Maraviglia: il cielo d'emozione si commuove.

Nell'Oblìo

Abbandonarsi.

Ammalianti e sussurrati i richiami dell'Oblìo.

Eco della Voce nell'abisso,

risuona e scuote dall'intelletto la consunta polvere della rassegnazione.

Rifugio supremo, eterna Libertà.

Nella stanza della mente il fumo di una candela lentamente appassita.

Persistente essenza onirica manifesta, svanisce veloce.

Ricordi e rimpianti parvon tinte foglie d'autunno,

sospese nell'ultimo anelito di vita, prendon il volo nell'immensità dell'anima.

Arde Amore in silenzio,

neve improvvisa sulle acque del Lète

Passione

Tra le ombre degli alberi si nasconde,
Per farsi scorgere da chi sa ascoltare in silenzio

Le mani di chi coltiva ancora speranza,
Nutrita d'amore

Sotto un tappeto di nuvole
Pensieri colorati fioriscono,
Nella mente irrorata da' sogni

Occhi accesi fanno luce nel tunnel,
Per poter cogliere la magia dell'illusione
posata sullo stupore

Pazientemente getta l'amo nel futuro
E si riscopre passato,
Prospettiva del presente.

Per dipinger di Te,

colorir

di sogni

dovrei

la tela dei giorni miei.

Coraggio

*Nel Caos
tra lacrime di rabbia
una goccia di dolore
precipita
nel mare del Silenzio.
Cambia forma ed essenza,
increspa le acque,
si spande e si fortifica.
Non più dolore ma
Coraggio.*

Intimità

Una pausa tra i sospiri di due amanti che intensamente si appartengono.

Una mano che cerca l'altra per spegnere un momento di sconforto.

Una carezza che tamponando con dolcezza e amore dissolve una lacrima.

Il silenzio che rompe il rumore e fa riprendere a respirare.

La testa sulla spalla del fratello per affogare nel conforto.

Note morbide che camminano sulla pelle, arrivano al cuore e lo accendono di magia.

La canzone che veste perfettamente quel posto in cui abita la solitudine che fa crescere.

Sapere quando tacere.

Occhi negli occhi, come un richiamo vibrano.

Viaggi Proibiti

Muti desideri stridono

L'eco una goccia che si tuffa nelle mente, infiniti cerchi concentrici

Sguardi complici e assassini si corteggiano

Essenze familiari risvegliano i sensi dal torpore emotivo

Sospiri e tiepide parole sussurrate scaldano la pelle

Accese sintonie mentali divorano lo spazio lussuriose

Libertà e Fantasia danzano complici e strette

Mani voraci affondano nella carne

Mentre Fiducia oltrepassa l'orizzonte del senso comune,

pazientemente Ego oscilla sospeso tra sofferenza e soddisfazione.

Anima s'appaga sì intensamente ché dal vero non parve medesimo.

Sui sedili della metro

Troppi sogni celati dietro vite consumate

Assorti sguardi caleidoscopici proiettano sogni infranti ma sopravvissuti

Occhi affamati a caccia tra le righe di un libro del bagliore che possa riscaldare la speranza

Un ragazzo perso in sé stesso, si ascolta, è altro(ve).

La famiglia lontana migliaia di chilometri e riflessa in ogni goccia di sudore e fatica versata

Troppi sacrifici amari da sopportare sulle spalle rallentano il cuore

Adolescenti effimeri e avidi perdono in banchina il treno dei ricordi futuri.

San Lorenzo

Il mio paese profuma di Gentilezza:

incarna la sua dolce essenza in uno sconosciuto passante che incontrandoti dice sorridendo 'Buonasera'

Il mio paese conserva un Dono:

sa come fermare il tempo dilatando le ore nel silenzio della quiete, mentre la serenità ti tiene tra le braccia rassicurante

Il mio paese somiglia a un desiderio inespresso:

sei lì che trepidante attendi un treno sui pensieri, una stella cadente e un frutto di stagione. Il desiderio, però, sempre lo stesso, forte e chiaro.

Il mio paese è il Benvenuto più caro: le campane della chiesetta sembrano urlare per me 'Mai arrendersi, tutto sta per finire, il meglio deve ancora venire!'

Il mio paese, l'eco di Mango: il suo cielo grande ti spalanca il cuore e non ti delude mai, davvero.

Il mio paese è un Richiamo Ancestrale, senso di Appartenenza e Felicità.

Il mio paese è tornare a Vivere, ogni giorno come fosse l'ultimo.

Sei punteggiatura che d'Emozioni s'aiuta per scandir il Tempo.

Poni pause al fin di prender fiato dinanzi l'Istupore,

riposi e adagi l'Anima mia su' vellutate tinte che d'Infinito tingon la vita.

Tu,

già tra parole dei miei futuri ricordi.

L'arte nasce Ribelle

In una notte senza lume

Somiglia al canto delle Sirene

Germoglia

Nel profondo

Cresce rampicante

E vorace fa

Suo ogni pensiero.

Claudia è...

Una camicia di jeans sbottonata sul cuore
Occhiali da sole scuri per proteggere neri occhi profondi

Lo stupore di arrivare in vetta sul sentiero
E scorgere lo scorcio sul panorama che non t'aspettavi

La glassa di frutto della passione che guarnisce il piatto
E lo rende appetitoso alla vista

Un pregiato vino rosso d'annata che respira nel decanter
Da sorseggiare in buona compagnia

Quel disco che ascolti mille volte, ma ogni volta è come fosse la prima. Un'emozione che sorprende e non ti stanca mai!

Il sorriso che timido esplode guardandosi negli occhi

La marmellata di arancia e fiori di sambuco sul tuo formaggio preferito

La parmigiana della nonna preparata dalla nipote

Uno scatto dopo l'altro, tutte le istantanee più felici di ieri di oggi e di domani

Il rumore del mare negli occhi di ogni donna innamorata

Tra le righe sottolineate dei miei libri preferiti

Tra i desideri espressi nelle notti d'estate

Non puoi leggerla né vederla, ma affiora prepotente
E riesci a sentirne l'odore
Profuma di casa.

Odio amarti

Come hai potuto

tinger d'oblio la sensibilità che abbiamo condiviso:

non ricordi più uno sguardo per raccontarci il mondo?

Come hai potuto

affogare i ricordi nei giorni grigi:

non vedi che seppur sbiaditi, brillano di Vita?

Come hai potuto

lasciare che la felicità sfiorisse:

hai forse dimenticato quanto difficile sia raggiungerla?

Come hai potuto

ammutinare il cuore:

gridava forse troppo piano?

Come hai potuto

raccontarti bugie:

l'anima, non s'inganna.

50 albe di giorni sempre nuovi

che profumano

d'Amore,

Famiglia

e tante cose buone.

Le domeniche in fila scandivano i ricordi,

le emozioni coloravano gli spazi ancora bianchi,

e i consigli tratteggiavano il futuro a matita.

I momenti bui, poi, ci hanno insegnato chi siamo,

così ci siamo ritrovati più uniti che mai.

Voltando il capo come i girasoli, ci è bastato guardarci negli occhi per ritrovare la luce, ognuno Sole per l'altro.

www.ingramcontent.com/pod-product-compliance
Lightning Source LLC
Chambersburg PA
CBHW041942240526
45473CB00033B/383